TROIS FRANCS PAR ACTE. — CINQ FRANCS LES OUVRAGES EN UN

COLLECTION

DE

MISES EN SCÈNE

DE GRANDS OPÉRAS ET D'OPÉRAS-COMIQUES

Représentés pour la première fois à Paris,

RÉDIGÉES ET PUBLIÉES

PAR M.r L. PALIANTI.

BONSOIR, MONSIEUR PANTALON,

OPÉRA-COMIQUE EN UN ACTE,

Par MM. Lockroy et de Morvan, musique de M. Albert Grisar.

A PARIS:

Chez MM. les Correspondants des Théâtres.

N°

Collection de Mises en Scène rédigées et publiées par M. L. PALIANTI.

BONSOIR
MR PANTALON!

OPÉRA COMIQUE EN UN ACTE

Par MM. LOCKROY et DE MORVAN, musique de M. A. GRISAR.

MISE EN SCENE DE M. E. MOCKER.

Représenté, pour la première fois, à Paris, sur le théâtre de l'Opéra-Comique le 19 février 1851.

Les auteurs laissent Messieurs les Directeurs de théâtres libres de distribuer les rôles de cet ouvrage suivant la composition de leur personnel.

A. GRISAR.

Le cabinet du docteur. — Au-dessus des portes, tablettes et niches où sont placés sans ordre des fourneaux, des alambics, des sphères, etc., etc.

Rideau de fond représentant une vue de Venise.

CANAL.

APPUI. 6

Vestibule.

3 A A 2 D B C A TABLE A F CANAPÉ E 1 5 7 7

Gauche. (Jardin).

Souffleur.

Droite. (Cour.)

1. Porte, gonds à la cour. Elle s'ouvre sur le théâtre. — 2. Porte, gonds au lointain. Elle s'ouvre sur le théâtre. — 3. Porte à deux battans s'ouvrant dans la coulisse. Cette porte conduit au dehors, et à d'autres pièces de la maison. — 4. Port

1851

donnant dans l'office, et conduisant aussi dans les autres pièces. Elle s'ouvre sur le théâtre. Gonds au lointain. — 5 Porte, gonds au jardin. Elle s'ouvre également sur le théâtre. — 6. Grande fenêtre. Deux volets à petites vitres plombées, s'ouvrent sur le théâtre et donnent accès sur un très-étroit balcon de pierre à large appui. Ce balcon donne sur un des canaux de Venise. — 7. Draperie. — A. Fauteuils. — B. Très-petit guéridon placé près du canapé au bout vers le lointain. — C. Tabouret semblable au meuble. Sur la partie pleine près de ce tabouret, est une applique représentant un ancien meuble à étagères sur lesquelles sont (peints également), des vases, des cornues, des alambics, quelques livres, etc., etc. — D. Entre le meuble et la porte 2, est une planchette sur laquelle sont trois flambeaux de cuivre, bougies éteintes. — E. Applique sur laquelle est peint un meuble qui fait face à celui de gauche, et duquel le docteur a fait sa bibliothèque. F. Chaise placée près du canapé. Siége face au public. Sur cette chaise sont quelques in-quarto. Quatre ou cinq in-folio et quelques in-quarto sont sur le canapé. Sur le coussin du lointain est un plumeau. — Derrière le canapé est un petit tabouret de pieds. — La table carré-long, placée sur l'avant-scène de gauche, est entièrement couverte d'un tapis en serge verte ; elle est encombrée de livres, de papiers, de cartes, d'alambics, de cornues dans de petits sabots *ad hoc*, de bouteilles en verre blanc, à larges ventres et à goulots allongés, etc., etc., etc. — Dans quelques flacons il reste diverses liqueurs. — Vers le bout lointain de la table est une sphère ; à la face sont : un encrier, des plumes, du papier, et une sonnette.— Tapis par terre.— Serrure et bec de canne à toutes les portes.— Verroux en dedans à la porte du fond. — Grand jour. — Éclairez magnifiquement le panorama de Venise. — Les volets de la fenêtre sont ouverts.

—Scène vide au lever du rideau. — La voix de Lélio se fait entendre (près du balcon au jardin). — Après la ritournelle qui termine le premier couplet, point d'orgue. — Sur l'accord en la *Bémol majeur*, Lucrèce ouvre tout à coup la porte. 2, reste sur le seuil, et sa main gauche tient en dedans le bec de cane. *Une sérénade! Écoutons sans bruits, écoutons.* Isabelle ouvre à son tour vivement la porte 1, elle reste sur le seuil, tient également en dedans le bec de cane, prête à refermer à la moindre surprise. *Une sérénade! Écoutons, mon cœur bat, avançons.* Ici, Colombine ouvre très-vivement aussi la porte 5, et tient le bec de canne de la main droite. *Une sérénade! Sans témoins, écoutons!* — Les trois personnages ne peuvent se voir. — A l'attaque de l'ensemble, Lucrèce, seule, se hasarde à avancer de quelques pas, et prête l'oreille, n'osant pas encore se montrer au balcon. Elle ne bouge pas de place (derrière le fauteuil à la droite de la table). — La voix de Lélio se fait entendre de nouveau. — Écoutez sans bouger. — Après le second couplet de la sérénade ; sur l'attaque : *Approchons, le ciel bleu s'étoile*, etc., etc. Isabelle et Colombine avancent avec précaution vers l'avant-scène en ayant le soin de n'abandonner les becs de cane que le plus tard possible. — Les portes 1, 2 et 5, sont pourvues d'un mécanisme qui les oblige à se refermer naturellement sans bruit. — Lucrèce prête l'oreille et fait à reculons un ou deux pas. Ce n'est qu'un quart de mesure avant de s'apercevoir mutuellement, que les trois femmes se dirigent résolument vers le balcon. *Ah! madame!!* Colombine fuit jusque sur l'avant-scène de gauche pendant qu'Isabelle redescend vivement sur celle de droite. Lucrèce s'est brusquement retournée et paraît fort contrariée de la présence d'Isabelle qu'elle aperçoit d'abord. — Tableau. — En descendant, elle aperçoit Colombine. Les trois personnages qui, mutuellement, ne veulent pas dire la vérité, se composent une physionomie de circonstance.

Colombine. — Lucrèce. — Isabelle.

C'est à part que chacune dit: *J'évite une enquête, etc., etc*, puis, Lucrèce jouant l'indifférence, ajoute : *Puisque dans ce lieu rien ne nous arrête, disons-nous adieu.* Les trois femmes se font mutuellement une gracieuse révérence et sans tourner le dos au public, arrivent : Lucrèce près de la porte 5, Isabelle près de la porte 3, et Colombine près la porte 1, qu'elles n'ouvrent en même temps que sur le dernier mot : *Disons-nous adieu.* — La ritournelle de la sérénade se fait entendre ; chacune s'arrête attentive, et ferme lentement la porte sur elle. — Scène vide pendant les six dernières mesures de ritournelle (flûte solo). — Au forté d'orchestre, après le trait de flûte, les trois portes se rouvrent vivement ensemble. Colombine 1 et Isabelle 5 restent sur le seuil comme au commencement du morceau. Lucrèce, seule, fait quelques pas avec précaution. — Pendant la ritournelle qui précède : *J'écoute en vain.* Lucrèce se dirige, toujours avec précaution, vers le balcon de trois quart face au public. — Sur le dernier, *rien*, — Isabelle et Colombine se dirigent vivement, et ensemble, vers le balcon. Elles reculent à la vue de Lucrèce, qui dissimule mal son dépit et sa mauvaise humeur. — Les portes se referment. — Descendez en scène.

Colombine. — Lucrèce. — Isabelle.

Ne vous plaignez pas, mademoiselle. Un futur qui obéit comme une mécanique, cela n'est pas tant à dédaigner. Ceci dit, Colombine remonte indifféremment, prend le plumeau, époussette le gueridon B et le canapé, tout en prêtant l'oreille aux paroles d'Isabelle et de Lucrèce, puis elle abandonne le plumeau sur le petit guéridon B, et descend n° 3 écouter avec intérêt les couplets d'Isabelle. — Les trois personnages occupent le milieu de l'avant-scène.

Lucrèce. — Isabelle. — Colombine.

Après les couplets, Colombine se tient sur le second plan, près du canapé. En disant, avec résolution : *Je refuse de l'épouser s'il est laid.* Isabelle s'éloigne avec humeur vers l'extrémité de l'avant-scène de droite. Lucrèce fait quelques pas vers elle. — La porte n° 2 s'ouvre : *Voici Monsieur le docteur.* Le Docteur s'avance lentement. Il a sous le bras deux ou trois grands flacons en verre blanc, de forme carrée, bouchés, et au quart pleins de liqueurs rouges, vertes ou jaunes. Il tient dans sa main droite une carafe en verre blanc, bouchée avec un bouchon également en verre. Cette carafe, à goulot très allongé et à ventre arrondi, est à moitié pleine de vin de Madère. Le docteur n'est préoccupé que de cette nouvelle potion qu'il vient de composer. Il marche machinalement, ne s'aperçoit presque pas de la présence des autres personnages, puis, de temps en temps, il examine à travers le verre la couleur de la potion et fait la grimace. Il descend n° 1. — Lucrèce va à lui.

Colombine.

Le Docteur. — Lucrèce. Isabelle.

Isabelle s'avance à son tour : *Mon tuteur, je vais vous expliquer... j'avais entendu de la musique, j'étais venue ici et j'y ai trouvé...* Lucrèce lui coupe brèvement la parole. — Peu à peu, Colombine redescend n° 4. — La mauvaise humeur de Lucrèce augmente par degré. Son dépit est de plus en plus visible. Isabelle s'arme de courage, répond très-brièvement et s'anime graduellement. Arrivée aux paroles : *Je lui resterai fidèle*, elle s'éloigne brusquement (un peu plus vers l'avant-scène de droite) en ajoutant : *Tant que je pourrai.* — Le Docteur, sa physionomie l'indique assez, vient d'écouter cette dernière phrase sans cependant la comprendre. Ne sachant que répondre à sa femme, qu'il croit calmer, il répond avec bonhomie : *Ce n'est pas mal, ce qu'elle dit là, etc., etc.*, puis, il recommence à examiner sa carafe et à se parler bas à lui-même, ce qui exaspère Lucrèce. A chaque parole sèche qu'elle adresse alors à son mari, celui-ci exprime de plus en plus son étonnement et à l'air de se dire : *Pourquoi, me dit-elle, donc tout cela ?* — Après s'être adressée à son mari, Lucrèce exhale sa mauvaise humeur sur Isabelle. — Pendant ce temps le Docteur remet tranquillement ses flacons et sa carafe sur la table (à la face) et revient indifféremment en scène : *Car je me chargerai de la dompter sans le secours de personne.* Isabelle fait un geste d'impatience, et s'éloigne vers le fond. — Après avoir signifié ses intentions formelles à Colombine qui écoute impassiblement, Lucrèce, en dernier lieu, s'adresse de nouveau à son mari, qui recule de quelques pas, d'un air étonné, puis elle sort vivement par la porte 2.

Isabelle.

Le Docteur. Colombine.

Moment de silence, pendant lequel Isabelle et Colombine, sans bouger de place, ont l'air de dire au Docteur : *Eh bien! monsieur, qu'en dites-vous?* Le Docteur, sans s'émouvoir, répond avec bonhomie : *Elle n'est pas bien disposée aujourd'hui* ; puis il prend tranquillement un livre sur la table, monte sur le tabouret C, et tout en consultant son catalogue, il regarde, tour à tour dans les rayons du haut, les divers objets qui à sa portée encombrent le meuble. Sans nullement faire attention à lui, Isabelle et Colombine descendent sur le milieu de l'avant-scène, et causent entre elles.

Isabelle. — Colombine.

L'Amour, dit-on, rend les amans inventifs, et le mien est plein d'imagination. Le Docteur qui a trouvé l'endroit où il veut placer la nouvelle potion qu'il vient de composer, dit, en désignant la carafe qui est sur la table : *Colombine, passe-moi ce flacon.* Celle-ci fait un geste d'impatience, entraine Isabelle un peu plus vers l'avant-scène de droite et laisse le Docteur continuer à lire attentivement le catalogue qu'il tient de sa main droite, pendant qu'il promène dans le vide sa main gauche derrière son dos, croyant que Colombine lui fait passer le flacon. — Lorsqu'Isabelle dit : *Oh! la tyrannie des pères, des tuteurs!* Isabelle désigne le Docteur qui, fatigué de tendre la main, se retourne et répète avec bonté : *Colombine, passe moi donc le flacon.* Loin de lui obéir, Isabelle et Colombine s'éloignent encore un peu vers la droite de l'avant-scène. — Même jeu du Docteur qui tend de nouveau la main en continuant sa lecture. — Lorsque deux forts coups de marteau se font entendre au dehors (lointain cour), Isabelle et Colombine, contrariées d'être constamment distraites de leur conversation, vont la continuer sur l'extrémité de l'avant-scène de droite. C'est en vain que le Docteur dit tranquillement : *Je crois qu'on heurte à notre porte, Colombine, va voir, mon enfant.* — Il continue à lire les étiquettes des flacons placés sur les rayons, pendant qu'Isabelle ramène Colombine vers le souffleur. *Comment? il s'est approché de Carlin*, etc. On frappe de nouveau. — Pour Isabelle et Colombine, c'est comme si on ne frappait pas. — Le Docteur descend de son tabouret. — *Il paraît qu'elle n'y est pas allée*, puis après avoir remis tranquillement le livre sur la table, il ajoute : *Je crois que je ferai aussi bien d'ouvrir moi-même.* Il sort par le fond 3. La porte se referme. — Pendant les COUPLETS, Colombine et Isabelle gagnent peu à peu la gauche de l'avant-scène.

Le Docteur rentre par la porte 3 qui reste ouverte. Il ne descend que jusqu'au milieu du théâtre. Aux mots : *Eh bien! .. les gens...* Les porteurs (1) commencent à paraître. *Ces gens là ..* Mélodrame à l'orchestre pendant cette scène et la suivante.

PANTOMIME. — Le second porteur marche en avant. Dès que tous deux ont franchi de quelques pas le seuil de la porte 3, ils aperçoivent tout à coup les personnes qui sont en scène et qui viennent à leur rencontre. Ils s'arrêtent ébaubis, puis après un temps, ils s'avancent avec mystère, cherchant à se rendre petits le plus possible, et ne perdent pas de vue les personnages en scène qui se regardent mutuellement et reculent d'un air très-étonné jusqu'aux places ci après indiquées. — Le Docteur recule jusque sur l'avant-scène de droite à mesure que les porteurs avancent. Ces derniers déposent avec mystère et précaution le panier près du canapé. — A mesure qu'ils se baissent, tous les personnages, sans bouger de place, se baissent en même temps mus par un sentiment de curiosité.

---

(1) Ces deux hommes portent le panier au moyen de bâtons peints blanc et bleu comme des mirlitons passés dans des anneaux fixés sur les côtés larges (O). — Ce panier est en osier natté très serré. — De forme carré long. — Couvercle plat et à charnières. — Entièrement doublé en percaline rose. — Extérieurement orné de guirlandes en rubans roses plissés à la vieille. — Le couvercle est également orné de rubans plissés et de roses au milieu. — Anses-poignées aux deux extrémités. — Le plus petit possible. Juste de quoi contenir Lélio couché sur le côté, et ratatiné. — Le panier se ferme au moyen d'une clavette de bois suspendue à un fil. — L'adresse est en lettres roses. — Lettres roses comme on en met sur les ballots.

PANIER VU DE FACE.

1er Port.

PANIER.

2e Port.

Isab. — Colomb.

Doct.

Les porteurs ôtent les bâtons des anneaux et se relèvent très-lentement, en ayant l'air de se dire : *Comment allons-nous sortir de là !* Les autres personnages se relèvent aussi en même temps. — Le docteur sourit de loin à Colombine et a l'air de lui dire : *Eh bien ! tu sais ce que c'est ?* Plus étonnée que jamais, elle répond par un jeu de physionomie : *Non, monsieur, je n'y comprends rien.—Et toi, Isabelle? — Encore moins, monsieur. — Bah !* — Ici, le premier porteur fait un signe à son camarade : *Tâche de renvoyer le Docteur.*— Le second porteur obéissant se tourne alors du côté du Docteur, et, par un clignement d'œil et un mouvement de tête, il lui dit à plusieurs reprises : *Allez-vous-en ! allez-vous-en ! vous êtes de trop !....* — Le Docteur sourit niaisement, regarde autour de lui, et ne comprend rien à la pantomime qui lui est adressée. — Pendant ce temps, le premier porteur (les cinq personnages ne bougent pas) se tourne d'un air aimable du côté des deux femmes et leur demande : *Laquelle de vous deux, mes belles, est Colombine?* Puis, avec un clignement d'œil, il désigne malicieusement le panier. — Isabelle et Colombine expriment qu'elles ne comprennent rien. Elles regardent alors le Docteur, qui les regarde à son tour avec un sourire stupide. Enfin, le Docteur ajoute (parlé) sans s'émouvoir d'avantage : *Voilà de singulières gens.* — La scène continue, moitié parlée, moitié en pantomime. — Les porteurs, qui s'imaginent être très-malins, ne parlent qu'après force jeu de physionomie.—Colombine s'approche aux mots : *Savez-vous ce que ce panier renferme?* Le visage du premier porteur s'épanouit. Il répond confidentiellement : *Un fond de magasin, à ce qu'il parait.* A ces mots, le visage de Colombine, qui croit tout deviner, s'épanouit également. — Le Docteur, voyant Colombine, sourit aussi. — *Est-ce que ça te mets sur la voie?* — Aux phrases : *Du grand canal !—A main droite*, Colombine qui croit comprendre tout à fait, parait joyeuse.— Ici, le Docteur veut s'avancer, mais le second porteur lui barre le passage sans avoir l'air d'y attacher malice. Ce jeu se renouvelle. — *De la part de Carlin !* — *De Carlin !* etc., etc. Isabelle et Colombine descendent joyeuses à l'avant-scène. — Pendant que le second porteur distrait le Docteur, le premier tire une lettre de sa ceinture, s'avance, la montre mystérieusement à Colombine, qui ne s'aperçoit de rien tant elle éprouve de joie.— *Vous recevez des cadeaux?* — *De plus, un billet que l'on m'a dit de vous remettre en cachette.* Le premier porteur le remet lestement à Colombine, qui le repasse vivement à Isabelle en voyant venir le Docteur, qui a pu se dégager. *Et des lettres ?* Colombine montre ses deux mains vides au Docteur.— Les porteurs ont remonté de quelques pas, et ont l'air de se dire : *Eh ! comme nous nous sommes acquittés de notre commission ! Décidément, nous sommes des personnages très-importans !* — L'on entend sonner très-fort dans la chambre 1. La frayeur s'empare alors de tous les personnages, à l'exception des porteurs qui, à leur tour, ne comprennent rien à ce revirement de scène, et qui, loin de s'en aller lorsque le Docteur et Colombine leur donnent cet ordre, ne bougent pas et tendent la main. Mais lorsqu'ils tiennent la bourse que leur donne vivement le Docteur et qu'ils entendent dire : *Sauvons-nous !* la peur les gagne aussi, et ils s'écrient : *Sauvons-nous !* — Scène d'effet. — Le premier porteur veut se sauver et s'avance vers la rampe. Isabelle et Colombine le repoussent. Il se heurte alors avec son camarade qui se sauve aussi au hasard. Voyant le Docteur prêt à sortir par la porte 2, ils veulent se sauver par là. Le Docteur les repousse. Isabelle les repousse aussi jusqu'à la porte 3, par où elle disparait avec eux.—Isabelle suit son tuteur. — Toutes les portes se referment. — Lucrèce entre par la porte 1, qui se referme. — Cherchant Colombine et ne la voyant pas, elle descend en scène.

— *Pour qui cette sérénade?* etc., etc., Lucrèce fait quelques pas, aperçoit le panier, ôte indifféremment la clavette, et pousse un cri à l'aspect de Lélio, qui se redresse tout à coup. *Qui êtes vous, monsieur? Que faites-vous là?* Sans se déconcerter le moins du monde, Lélio dit naïvement et avec une joie enfantine : AIR : (Le mélodrame a continué jusque-là).

J'aime!... j'aime!... C'est mon seul cri la nuit, le jour. Il sort le pied droit du panier en ajoutant avec un peu plus de passion : *J'aime!* Puis l'autre pied en ajoutant encore : *J'aime!*—En prononçant les autres *j'aime!* qui suivent, il fait un nouveau pas vers Lucrèce, qui recule les mains en avant et les yeux craintivement fixés sur ceux de Lélio. — *Qui êtes-vous?* Lélio s'empresse d'ajouter avec une violence passionnée, ce qui effarouche Lucrèce : *Ne me demandez rien, madame,* etc.

Lucrèce. Lélio.

Après la phrase : *Ah! vraiment, je n'ai rien dit?* Lélio gagne le milieu de l'avant-scène, où le suit Lucrèce, qui dit en pantomime : *Voyons, veuillez vous expliquer.* Pour toute réponse, Lélio fait un nouveau pas vers Lucrèce, qui en fait un arrière à chaque *j'aime! j'aime!* — Plus la voix de Lélio devient passionnée, plus Lucrèce s'effarouche. — Ils arrivent tous deux près de la table. — En attaquant le 2-4 *allégro* : *J'aime! J'aime!* etc., etc., Lélio joint les mains et marche toujours vers Lucrèce qui recule, mais cette fois en tournant un instant le dos au public et en gagnant toujours à reculons l'avant-scène de droite.

Lélio. Lucrèce.

J'ai corrompu.... Mouvement de Lucrèce... Lélio s'empresse de la rassurer. *A très-bon compte.*—Aux mots dits d'un ton câlin : *Comme vous y êtes entré, de la même manière,* Lucrèce remonte près du panier qui est resté ouvert et qu'elle désigne. Lélio fuit vers l'avant-scène de gauche. Lucrèce l'y rejoint et le supplie tendrement de rentrer dans le panier. Elle fait un pas en avant pour dire à part : *Rester!... il a pu en concevoir l'espérance!* Lélio, s'approche. Elle passe devant lui et lui dit avec un effroi pudique : *Rentrez, monsieur, ou j'appelle, je crie!*

Lucrèce. Lélio.

Si vous l'exigez.... Lélio, quoiqu'à regret, rentre debout dans le panier; puis, après un temps, il ajoute : *Vous êtes cruelle, madame..... me renvoyer... et là dedans.* Il va tout à coup, comme un étourneau, près de Lucrèce : *Quand vous pourrez si facilement me rendre heureux!* Lucrèce fait un geste de dignité : *Monsieur!* — Lélio prend alors tranquillement son parti. Il rentre debout dans le panier, tire de sa poche une carte, la remet à Lucrèce. *Faites-moi porter à cette adresse;* puis, avant de se coucher tout à fait, il ajoute : *Recommandez surtout qu'on ne mette pas, comme en venant, les pieds en l'air.* — Lucrèce referme le panier sans mettre la clavette, redescend en scène pour dire son à-parté, puis elle sort par la porte de l'office 4 qui reste ouverte, et répète avant de disparaître : *Quel amour!*

Lélio sort vivement de son panier, entre dans l'office, prend une pile d'assiettes qu'il pose d'abord sur le petit guéridon B, puis il s'empare, sur la table, de deux flacons (l'un des deux est celui qui contient la dernière potion du Docteur). Avant de les jeter dans le panier, ses yeux se portent sur le canapé et sur la chaise F, où sont entassés des in-quarto et des in-folio. Il remet vivement dans l'office la pile d'assiettes sur laquelle il pose les bouteilles, puis après avoir fermé la porte, il jette tous les livres dans le panier qu'il ferme à clavette, et qu'il soulève pour s'assurer du poids; enfin, il disparaît gaiement par la porte 1, après avoir cherché autour de lui par quelle porte il doit sortir. — Colombine rentre avec précaution par le fond, referme la porte, puis elle fait des efforts pour traîner le panier qu'elle tient par la poignée, vers le lointain. Le Docteur rentre par la porte 2, aperçoit Colombine et lui dit avec bonté : *Que fais-tu là, mon enfant?* En disant : *Moi? par exemple! il serait curieux...* Le Docteur descend vivement sur l'avant-scène de droite, puis, machinalement il fait ce que lui demande Colombine. Il prend l'anse de face du panier, et aide à le porter. Arrivés près de la porte de l'office, à bout de forces, le Docteur et Colombine lâchent le panier. *Ouf! Que diable y a-t-il là-dedans?*

Le Docteur. — PANIER. — Colombine.

Colombine entr'ouvre la porte de l'office, la referme avec effroi, et s'écrie en ressaisissant la poignée du panier : *Madame vient par l'office !* Le Docteur fuit alors vivement vers l'avant-scène de gauche. *Mets ça quelque part, mon enfant.* Colombine dont la frayeur a redoublé les forces, traîne le panier à deux mains jusqu'au milieu du théâtre, ayant l'intention de le traîner chez elle, porte 1. (Colombine tourne le dos au public.) Le Docteur, autant par pitié que par frayeur, prend de nouveau l'anse du panier vers le lointain. Redoublant d'efforts, aidé par Colombine il marche à reculons vers la croisée : *Mais à gauche ! Allez donc à gauche ! Vous allez à la fenêtre ! — Tu crois ? mettons le là, sur l'appui du balcon. — Il est trop grand ! il n'y tiendra pas, etc.*

Le Docteur et Colombine ne perdent la tête croyant à chaque instant voir Lucrèce arriver. Ils font des efforts inouïs pour mettre le panier sur l'appui du balcon. Ils prennent mal leur précaution, car il fait la culbute et plonge dans le canal. En ce moment, Lucrèce entre. Colombine reste immobile ; le Docteur quoique pâle et tremblant, descend en scène en même temps que sa femme, en affectant un air aimable et riant. Lucrèce, également troublée et contrariée de la présence de son mari, ne devine rien. — Tableau. — Peu à peu Colombine descend n° 1.

Colombine. — Le Docteur. — Lucrèce.

Lucrèce, dans le plus grand embarras, ne parle qu'après un instant de silence. Lorsque son mari fait quelques pas pour s'éloigner, elle lui dit vivement : *Ne me quittez pas !* comme si elle éprouvait une grande terreur à l'idée de rester seule. Le Docteur revient humblement sur ses pas. Lucrèce tourne ses regards vers l'endroit où était le panier, ne l'apercevant pas, elle maîtrise un mouvement de surprise dont s'aperçoivent cependant Colombine et le Docteur qui tremblent intérieurement. — *Mon ami... hein ? — Je ne sais pourquoi, j'éprouve ce soir le besoin de vous voir...* Le Docteur ouvre de grands yeux, et recule d'un pas. — Lucrèce ne sait par où commencer pour s'excuser près de son mari, qui de son côté cherche à se justifier. — Aux mots : *Dedans, monsieur, il y avait...* Le docteur et Colombine ont l'air de dire avec un visage hypocritement gracieux : *Bien peu de chose... quelques biscuits. Bah !* Faites bien attendre *il y avait... il y avait un homme !* Le docteur reste pétrifié ! Colombine exprime le plus grand effroi. Lucrèce baisse les yeux. — Tableau. — Après un grand temps, le docteur qui se compose un visage riant se hasarde de dire : *Ah bah !* puis après un autre temps : *vivant ?*

Isabelle sort vivement de la chambre 2, et descend toute joyeuse à la droite de Colombine. *Ah ! Colombine, ma chère Colombine ! ce billet ! je l'ai lu ! je sais tout... c'est lui... — Qui ? lui ! — Mon amant, il est ici. — Dans la maison ? — Il s'y est introduit si drôlement, dans ce panier.* Ici Colombine pousse un cri sauvage des plus aigus, et tournant sur elle-même elle fait un pas en arrière, et se trouve n° 1. Le Docteur fait un bond en arrière, Lucrèce recule vers la droite. Isabelle remonte et cherche des yeux le panier qu'elle n'aperçoit plus. — Tableau. — Le Docteur, sous le poids de la plus grande frayeur, pour la première fois de sa vie peut-être, exprime une volonté. *Allez vous-en,* dit-il. C'est vainement que sa femme s'approche de lui d'un air suppliant, il répète toujours, et sur tous les tons : *Allez vous-en ! allez vous-en !*

3 Isabelle.

Le Docteur. — Lucrèce.

Isabelle se désole. Forcées d'obéir, Isabelle et Lucrèce sur le seuil des portes 2 et 4, hésitent encore à s'éloigner. Le Docteur leur dit une dernière fois d'un ton moitié suppliant, moitié impératif : *Allez vous-en !* Isabelle et Lucrèce disparaissent. Pendant cette sortie, Colombine est restée pétrifiée sur l'extrémité de l'avant-scène de gauche. Après un grand temps, le Docteur, qui est au milieu du théâtre, dit d'une voix émue par la frayeur : *Va vite à la croisée... va vite voir.* Colombine hésite d'abord, puis elle court au balcon. Le Docteur descend alors en scène, et lance au public : *Il savait peut-être nager !* Colombine revient tristement ; elle s'assied sur le bord de la table de gauche. — Tableau. — Colombine ne s'approche du Docteur, qui de nouveau est au milieu du théâtre, qu'en disant les larmes aux yeux : *C'est lui, il avait imaginé de se faire expédier.* A ces mots, le Docteur passe résolument devant Colombine, et dit : *Eh bien, il l'est !* — En scène.

Le Docteur.—Colombine.

En disant : *Avec ça que pour ma part, j'ai le cœur à la noce!* Sous l'empire d'une agitation fébrile, le Docteur gagne la gauche de l'avant-scène où va tout à coup le chercher Colombine, qui le ramène vivement par le bras jusque vis-à-vis le trou du souffleur. *Monsieur, est-ce que nous pourons être traduits en justice pour ça?* Le Docteur répond fort tranquillement : *Non. Oh ! non.* Puis il ajouta en s'animant beaucoup, avec force gestes, et en regagnant la gauche de l'avant-scène : *Tu verras qu'on peut faire faire le plongeon à des gens... sans que... tu es unique, toi!* — Colombine, plus morte que vive, reste anéantie sur l'avant-scène de droite, jusqu'où elle a reculé. Le Docteur est atterré.—Lelio entre étourdiment par la porte 2. Il recule à la vue des deux autres personnages qui l'aperçoivent à leur tour. Tous se regardent avec étonnement.—Tableau.

TRIO.

Lelio.

Docteur. Colombine.

Le Docteur et Colombine, sans bouger de place, se tournent seulement vers Lelio qui, ne sachant comment entamer la conversation, fait brièvement et d'un air aimable un profond salut, en disant : *Monsieur !* — Le Docteur l'imite, *Monsieur !* Ce jeu qui se renouvelle, trouble et finit par impatienter le Docteur. — Colombine ne sait que penser, mais elle a peur. — Lelio ne descend peu à peu qu'à ces mots : *Vous demandez ici probablement*, etc... Ses réponses sont inintelligibles, il balbutie ; bref, ne sachant plus de quelle expression se servir, il trouve plus commode de remonter après avoir ajouté : *Lorsque vous m'êtes apparu j'était en train de me le dire.* Le Docteur, dont la peur est grande, prend alors mystérieusement la main de Colombine, qui tremble aussi et lui dit en l'entraînant un peu plus vers la gauche : *Colombine!... Colombine! si c'était quelque fripon?* Lelio, très-satisfait de lui-même, descend n° 3 pour dire à part : *J'imagine qu'avec esprit je réponds*, etc.

Le Docteur.—Colombine.—Lelio.

Après l'ensemble le Docteur se hasarde à demander en tremblant : *Vous m'avez vu, monsieur, j'en ai quelque surprise.* Lelio passe alors devant Colombine et répond étourdiment au hasard, et en se dandinant : *Passager dans Venise*, etc.

Le Docteur.—Lelio.—Colombine.

Pressé par les questions du Docteur : *Enfin, Monsieur, vous m'avez vu?* Lelio répond avec aplomb : *Parbleu !* — *Où donc?* — *Mais... mais... là... sur ce balcon.* —Très-satisfait d'avoir montré tant d'esprit, il remonte de nouveau vers le balcon en se dandinant, puis il redescend n° 1. Pendant ce temps le Docteur et Colombine tremblent plus que jamais. Cette dernière attire le Docteur par le pan de son habit : — *Sous sa mine pateline, s'il cachait quelque soupçon?* etc., etc. —Reprise de l'ensemble.

Lelio. Le Docteur. Colombine.

Pendant l'a parté entre le Docteur et Colombine, Lelio fait plusieurs saluts pour attirer l'attention sur lui, puis à la réplique : *Si c'était un agent de police*, il se dirige indifféremment vers la porte du fond, où par un mouvement de résolution désespérée l'ont vivement précédé le Docteur et Colombine qui lui barrent le passage et le forcent à redescendre à reculons jusqu'au milieu du Théâtre : *Monsieur, vous ne sortirez pas!*

Colombine.

Le Docteur.

Lelio.

Ici, la peur commence à s'emparer de Lelio.— Sur les : *Non, non, vous ne sortirez pas !* qui suivent la phrase : *Me voici dans de jolis draps*, le Docteur et Colombine prennent Lelio chacun par un bras et le forcent à redescendre tout à fait en scène.

Colombine.—Lelio.—Le Docteur.

Je ne suis pas un voleur. Calmez votre fureur. A ces mots Colombine et le Docteur lâchent Lelio, qui, très-heureux de n'être plus tenu, fait quelques pas en arrière de façon à pouvoir adresser ses explications tantôt au Docteur tantôt à Colombine, qui sont sur les avant-scènes de droite et de gauche. A mesure que parle Lelio, qui, d'une voix enfantine et d'un ton piteux, ajoute : *C'est Lelio que l'on me nomme... Lelio... Lelio...* Les visages du Docteur et de Colombine deviennent calmes peu à peu, expriment la surprise, redeviennent rians, puis finissent par s'épanouir tout à fait. *Le fils du seigneur Pantalon.* Ici les regards du Docteur et de Colombine se rencontrent et expriment la surprise et la joie : *Pantalon ! Pantalon ! Pantalon !...* Colombine, sans bouger de place, s'adresse à Lelio avec un élan de joie : *Ah ! monsieur Lelio, souffrez qu'on s'abandonne au bonheur imprévu que votre aspect nous donne.* Puis, en même temps que le Docteur, elle s'approche de Lelio. Les trois personnages descendent vivement en scène attaquer gaîment le 6/8 *Fatale méprise*, etc.

Colombine.—Lelio.—Le Docteur.

A chaque offre gracieuse qui lui est faite, Lelio remercie, s'incline et recule insensiblement jusqu'au milieu du Théâtre, où le suivent les autres personnages. A la reprise du motif : *Ah ! j'en cours la chance*, etc., etc., Lelio descend seul à l'avant-scène. Colombine et le Docteur ne descendent que de quelques pas. Lelio recule jusqu'à eux pour leur dire : *Vous le voulez... vous le voulez... Je reste.* Les trois personnages redescendent vivement et joyeusement en scène en s'écriant : *Il reste ! Il reste ! il comble tous nos vœux.*

Immédiatement après la dernière note chantée, Colombine s'empresse d'offrir à Lelio le fauteuil placé à la droite de la table. — Lelio s'étale.— Colombine passe à la gauche du Docteur.

Lélio, assis. Le Docteur. Colombine.

Entre les mots : *Est-ce heureux, Monsieur ! — Oui, et il arrive bien mal !* La transition dans l'expression du visage du Docteur est des plus brusques.— *Mon cher Monsieur... je suis charmé de vous voir. — Monsieur, c'est moi.* Lélio se lève et remercie. — Descendez en scène. — *Colombine... vous prendrez-bien quelque chose.* Colombine se dirige vers l'office. En passant, elle prend le plumeau qu'elle rentre.

Lélio. — Le Docteur.

Dépêche-toi... Monsieur est peut-être pressé. Le Docteur remonte jusqu'à la porte de l'office, qui reste ouverte. Lélio profite de ce mouvement pour gagner le n° 3, en disant à part : *Quel diable d'homme est çà ?... il est enchanté de me voir... et puis il me met à la porte.* Le Docteur redescend à la droite de Lélio, il entame la conversation par : *C'est une belle ville que Venise, n'est-ce pas ?* Ici, Colombine rentre ; elle tient un plateau sur lequel sont : quelques biscuits à la cuiller dans une assiette ; deux verres à pied (presque la forme des verres à champagne), plus la carafe qui contient la dernière potion du Docteur et que Lélio a mise dans l'office à la scène VII. — La porte de l'office se referme. *Admirable, Monsieur... de l'eau partout.* Ces derniers mots font tressaillir le Docteur qui se hâte de faire descendre Colombine qui tressaillit également. *Va donc plus vite, toi.*

Le Docteur.—Colombine.—Lélio.

Colombine verse dans les deux verres. Le Docteur et Lélio en prennent chacun un. Le Docteur ajoute alors : *Voilà quarante ans que je l'habite, moi, Monsieur, et je puis dire que j'y suis connu pour un homme paisible, inoffensif, incapable de commettre une action deshonnête... à plus forte raison un crime.* Lélio, qui pendant cette phrase a voulu plusieurs fois porter le verre à ses lèvres, parait fort étonné d'entendre de semblables paroles, puis après avoir dit : *Mais, Monsieur, je pense bien que personne...* il avale d'un trait le contenu de son verre qu'il repose sur le plateau. — Colombine s'en débarrasse sur la table. — Après un frisson qui parcourt tout son être, Lélio fait une grimace qu'il termine par l'exclamation : *Pouah!* Elle empêche le Docteur de boire le contenu de son verre qu'il portait à ses lèvres. — A dater de ce moment, commencez la nuit vers le fond.

Colombine.

Le Docteur.—Lélio.

Qu'avez-vous? etc., etc. Dès que le Docteur porte le verre à ses lèvres, il fait une horrible grimace qu'il cherche à dissimuler aux yeux de Lélio, puis il s'approche de Colombine et lui demande à voix basse : *Où as-tu pris ça? — Mais dans l'office, Monsieur. — Ça ne vient pas de l'office!* Il pose son verre sur la table, puis il descend sur le bord du théâtre, et lance au public : *C'est ma potion!* — Pendant ce temps, Lélio cherche à faire bonne contenance, mais la potion produit déjà son effet. C'est en vain qu'il prend un air riant; il pâlit à vue d'œil. — Long silence pendant lequel Colombine et le Docteur suivent de loin, avec anxiété, le rapide changement qui s'opère chez Lélio. Celui-ci, dont les jambes commencent à fléchir, n'en affecte pas moins un air aimable; il prend machinalement la chaise placée près du canapé vers lequel il remonte. Quoique debout, il s'appuie en se dandinant sur le dossier de cette chaise dont il place le siége sous ses genoux. *Vous parliez de Venise*, etc. Après avoir vainement cherché à surmonter, en faisant l'aimable, les effets que produisent le somnifère, il finit par dire : *Monsieur, je ne me sens pas bien.* Il abandonne sa chaise que le Docteur place toujours près du canapé, le siége face au public, mais un peu plus vers le lointain.—Le Docteur ne cesse d'avoir les yeux fixés sur Lélio.—Colombine reste clouée à sa place, n'osant pas respirer. — Sur les mots : *Quel mauvais vin!* Lélio, à bout de forces, tombe assis sur le canapé. Il n'en a pas moins le sourire sur les lèvres. En prononçant ceux-ci : *Quel affreux vin!... Du poison!* Il perd connaissance et appuie sa tête sur le dossier du canapé.

— Colombine, effrayée, s'écrie d'une voix presque éteinte : *Du poison!* Le Docteur tourne alors la tête vers elle et l'agitant à plusieurs reprises avant de parler, il répond : *Oui... oui...* Colombine se laisse tomber comme une masse sur le fauteuil devant lequel elle se trouve (Le fauteuil placé à la droite de la table). *Du poison!* Le Docteur tombe également sur la chaise, près du canapé, en s'écriant : *Et de deux!* — Moment de silence après lequel Colombine dit naïvement en pleurant : *Ah! mon Dieu!... il n'en reste plus à mademoiselle, à présent!* Le Docteur se lève tout d'un coup, descend à l'avant-scène, et perdant la tête, il donne l'ordre à Colombine d'aller mettre les verrous. Celle-ci ne se le fait pas dire deux fois. Elle se hâte d'aller mettre le verrou à la porte du fond, de fermer vivement les volets de la croisée, puis elle redescend très-effrayée près du Docteur. *Qu'est-ce que vous comptez faire?*

Colombine. Le Docteur.

Le Docteur fait attendre sa réponse. *Nous cacher, mon enfant, nous cacher d'abord.* Colombine le ramène en scène. *Oui, monsieur; et après? — Après.... —* Nouveau temps. — Avec sang froid et résignation : *Nous l'enterrerons avec l'autre : que veux-tu?* — Lion frappe très-fort à la porte de la rue. — La plus grande terreur se peint sur les visages du Docteur et de Colombine. — Tableau. — Pressé, car on frappe de temps en temps au dehors, une idée subite traverse l'esprit du Docteur. *Viens m'aider.* Il court au canapé, met vivement à terre un des coussins (celui de la face). *Dépêche toi. — Je n'en ai pas la force.* — On frappe à la porte du fond après avoir essayé d'ouvrir. — Colombine se décide alors à seconder le Docteur. Tous deux perdent la tête et couchent Lélio. (La tête au lointain). Avant de soulever le siége du canapé, ce qui fait glisser Lélio dans l'intérieur, Colombine a mis à terre l'autre coussin (1). — *Mon ami !* — *Ciel, madame !* Le Docteur et Colombine referment vite le canapé. Cette dernière fait un bond arrière et reste comme pétrifiée. Mais aux mots : *Ouvrez ! c'est le seigneur Pantalon qui arrive.* — *Grand Dieu !* Elle pousse un cri des plus perçans et se sauve à toutes jambes (porte 2). — Le Docteur, avant d'aller ouvrir, ramasse les deux coussins que, dans son trouble, il place du même côté (à la face du canapé) l'un dessus l'autre. Il ne cesse de dire et comme malgré lui : *Le père ! J'y vais ! Le père ! J'y vais !* etc., etc., jusqu'à ce qu'il ait ouvert la porte du fond.

M. Pantalon entre et descend gaîment en scène. — Son aspect jovial contraste avec l'air inquiet et embarrassé des autres personnages. — La porte du fond se referme. — Lucrèce est très-préoccupée et regarde les différentes portes. Isabelle regarde autour d'elle. Le Docteur se parle bas à lui-même.

Lucrèce. M. Pantalon. — Le Docteur. — Isabelle.

M. Pantalon ne s'aperçoit pas trop d'abord de la réception qu'on lui fait. Après avoir dit : *Heureusement, ces dames sont venues m'ouvrir elles-mêmes,* il pose son chapeau sur la table, son manteau sur le dos du fauteuil à la droite de la table, et la petite valise qu'il tient à la main près de ce fauteuil. Les autres personnages continuent leur pantomime. M. Pantalon les regarde tour à tour avec étonnement. *Vous cherchez quelque chose ?* Comme on ne lui répond rien, il redescend gaîment en scène. *Me voici donc à Venise,* etc., etc. *Mais à propos, peut-être est-il déjà arrivé. Vous a-t-il fait visite ?* Le Docteur se hâte de nier. *Non ! non !* — Isabelle, de fort mauvaise humeur, ajoute à part, mais à voix haute : *Oh ! il arrivera toujours assez tôt.* — L'étonnement de M. Pantalon redouble. *Plait-il ?* Le Docteur s'efforce de sourire et répond : *Rien.... c'est une réflexion de la petite.* — Nouveau silence.

M. Pantalon ne voyant que des visages tristes autour de lui, sa hasarde à demander avec intérêt au Docteur : *Est-ce qu'il vous serait arrivé ?...* — *Non.... pas du tout,* se hâte d'ajouter celui-ci. — *Alors, le souper nous rendra notre bonne humeur.* Lucrèce agite la sonnette qui est sur la table. Colombine, dont le visage est des plus tristes, entre lentement par la porte 2 qui se referme. Elle tient de la main droite un flambeau, bougie éteinte, qu'elle pose sur la table, et de la main gauche, un bougeoir bougie allumée. — Isabelle remonte vers les seconds plans.

Colombine. Isabelle.
Pantalon.
Lucrèce. Le Docteur.

Lorsque le Docteur s'écrie vivement : *Pas de vin !* Pantalon le regarde avec surprise. Le Docteur alors se mord les lèvres et s'efforce de sourire en se grattant le front. — Après avoir ajouté : *Vous monterez tout cela dans la chambre que je vous ai dit de préparer,* et que Colombine a répondu tristement en posant son bougeoir sur la table. *C'est que... c'est que... je crois que je l'ai oublié, madame,* Lucrèce fait ses excuses à M. Pantalon. Isabelle, heureuse de voir la réception que l'on fait au père d'un fat qu'elle n'aime pas, allume tour à tour et met sur la table les bougies qu'elle prend sur la tablette. — Colombine gagne tristement l'avant-scène de droite et jette un cri d'effroi lorsqu'elle entend M. Pantalon dire gaîment : *Je serai très-bien partout.... Ici, dans cette pièce,* SUR CE CANAPÉ. — *Ah ! sur son fils ! !* — Tableau.

— M. Pantalon recule de deux pas. — Nouveau silence. — Lucrèce et surtout le Docteur insistent pour faire accepter à M. Pantalon une autre chambre. M. Pantalon persiste à n'en pas vouloir d'autre. Colombine entraine alors le Docteur jusque sur le bord du théâtre (avant-scène de droite), et lui dit avec effroi : *Ah ! monsieur, vous laissez le père se coucher là dessus, quand son enfant....* Le Docteur lui répond naïvement : *C'est le comble de l'horreur ! Mais que veux-tu que j'y fasse !* — Ici Lucrèce cesse de causer bas avec M. Pantalon et va prendre un flambeau sur la table. Isolé au milieu du théâtre, M. Pantalon dit à part après un cer-

---

(1) Le modèle en relief de ce canapé, se trouve au prix de 5 fr. chez MM. les correspondans des théâtres.

tain temps : *Décidément, ils ont quelque chose.* — Isabelle, qui a pris également un flambeau, descend sur le bord du théâtre (avant-scène de gauche), et dit : *Je suis enchantée de ce qui arrive.*

QUATUOR.

Colombine, puis le Docteur, remontent lentement en passant par derrière le canapé. — M. Pantalon, assez contrarié d'aller se coucher sans souper, descend sur l'avant-scène de droite, où Lucrèce, le bougeoir à la main, vient lui faire gravement une profonde révérence. M. Pantalon, gravement aussi, lui rend son salut. *Ah! monsieur Pantalon, j'aurais voulu vous satisfaire, mais quand il s'agit de vous plaire, ici tout marche à reculon.* Isabelle commence à se mettre en marche.

Colombine. Le Docteur.

TABLE.

Lucrèce. M. Pant.

Isabelle.

Bonsoir, monsieur Pantalon! Bonsoir, monsieur Pantalon. En disant ces *Bonsoirs*, Lucrèce fait de nouvelles révérences, recule jusque près de la porte 1, et s'arrête en voyant Isabelle, qui, à son tour, fait la révérence à M. Pantalon, et lui dit malignement : *Ah! monsieur Pantalon! souvent à jeun l'esprit s'attriste, je prierai Dieu qu'il vous assiste.* Colombine prend un bougeoir sur la table et commence à se diriger tristement vers M. Pantalon. *Dormez en paix dans ce salon.* Lucrèce redescend à la gauche d'Isabelle, et toutes deux reculent de quelques pas en faisant la révérence sur les : *Bonsoir, monsieur Pantalon, Bonsoir, monsieur Pantalon!* — Isabelle et Lucrèce s'arrêtent pendant le couplet de Colombine. — Saluts, etc., etc. *Ah! monsieur Pantalon, si vers minuit, quand tout sommeille, un bruit en sursaut vous éveille...* Le Docteur prend un bougeoir et s'avance à son tour avec une figure piteuse. *Rendormez-vous, c'est l'aquilon.* Isabelle et Lucrèce reviennent se joindre à Colombine. Toutes les trois font ensemble une profonde révérence en reculant. Elles s'arrêtent en voyant le Docteur saluer à son tour M. Pantalon. (Les quatre personnages tiennent les flambeaux de la main gauche.) *Ah! monsieur Pantalon! la vie est un vase fragile, le briser, hélas! est facile... on meurt jeune ou vieux... c'est selon.* Colombine, Isabelle et Lucrèce se joignent au Docteur pour faire les derniers saluts.

Lucrèce.

Le Docteur.

Isabelle. M. Pantalon.

Colombine.

C'est en faisant des révérences et en reculant toujours que se disent tristement les cinq *Bonsoir, monsieur Pantalon*, qui suivent. Sur le silence, on ouvre les portes, sur le seuil desquelles se disent les deux derniers : *Bonsoir, monsieur Pantalon...* Les portes se referment. — Gaze devant la rampe. — Le Docteur est sorti par le fond 3, Lucrèce par la droite 1, Isabelle par la gauche 2, et Colombine par la face 1.

M. Pantalon ne parle qu'après un grand temps pendant lequel il cherche vainement à se rendre compte des motifs qui l'ont fait accueillir si froidement. Il finit sa pantomime par cette exclamation, dite naïvement et avec conviction : *Ils sont tristes dans cette maison. Il reprend tout à coup sa gaîté. Demain, au point du jour, j'irai retenir ma chambre à l'auberge avec un bon lit, un bon gigot et du vin! au moins je me dédommagerai.*

Mélodrame à l'orchestre pendant lequel les yeux de M. Pantalon se dirigent vers le canapé. — Point d'orgue. — *Mais je serai très-mal sur ce canapé, très-mal.* — Point d'orgue.—*Ils sont fort tristes!* Il va prendre sur la table le flambeau qui est resté, le passe dans sa main gauche, et prend de la main droite sa valise par l'une des poignées. Il arrive ainsi jusque près du trou du souffleur.—Ici l'orchestre imite un soupir prolongé. — Il s'arrête, pâlit, et n'ose se retourner. *Que diable est ça?* — Après un instant de réflexion, il glisse sa valise sous son bras droit, et marchant avec précaution, il se hasarde, aidé de sa lumière, à regarder tour à tour le canapé et de tous côtés. Il remonte ainsi jusqu'au milieu du théâtre sur les seconds plans. C'est en se retournant face au public qu'il lance ces mots : *C'est l'aquilon! comme dit cette petite!* —Point d'orgue.—Mélodrame pendant lequel il dépose son flambeau sur le guéridon B, s'assied sur le canapé sa valise sur ses genoux, et réfléchit pendant que l'orchestre rappelle le motif du quatuor : *Bonsoir, monsieur Pantalon — Ils ont une singulière manière de vous dire bonsoir dans cette maison.* Il tire de sa valise un bonnet de nuit dont il se coiffe. — Il pose la valise à terre puis il éteint sa bougie. — Nuit complète. — Il s'endort la tête appuyée sur les deux coussins. — Tout en s'endormant il marmotte : *Le Docteur a raison, la vie est peu de chose. . Pourquoi diable m'a-t il dit çà?*

FINALE.

Le Docteur tient une lanterne sourde de la main gauche. Il entre avec précaution par le fond, dont la porte se referme.—Colombine, le visage sinistre, entre mystérieusement par la porte 1, qui se referme aussi. Elle tient ouverts à la main droite, les doigts passés dans les anneaux, d'énormes ciseaux à couper le papier.

Colombine.—Le Docteur.

Dès qu'ils s'aperçoivent, Colombine et le Docteur se font mutuellement signe de ne point faire de bruit. *Viens! approchons!* Le Docteur va près de M. Pantalon, et au moyen de la lanterne sourde, il s'assure s'il dort.—Colombine traverse l'avant-scène, gagne le n° 2, puis, entraînant par le bras le Docteur sur l'avant-scène, elle lui demande en tremblant : *Pour dénoncer le crime ici commis, s'il s'éveillait?—Eh bien! ce serait le troisième,* lui répond le Docteur avec résignation.

Le Docteur.—Colombine.

A l'attaque de l'*allegro non troppo* (basson) Colombine fléchit un genoux près du canapé (le bout de la face), et se met en devoir de découdre l'étoffe qui cache le dessous du canapé où se trouve couché Lélio. — Le Docteur lève par trop le bras qui tient la lanterne; Colombine le prie de le baisser.— Quand l'étoffe est décousue, le public peut apercevoir les pieds de Lélio.—*Prends-le par les pieds.* Colombine se met en devoir d'exécuter cet ordre; M. Pantalon se réveille tout à coup. *Qui va là?* Le Docteur fait un bond en arrière et laisse tomber sa lanterne qui s'éteint. Colombine tombe assise par terre. M Pantalon assis sur le canapé se frotte les yeux.—Moment de silence, après lequel Lélio, dans le canapé, pousse un long gémissement.—La frayeur s'empare de tous les personnages.—Colombine qui s'est relevée passe par derrière le canapé et se trouve au milieu du Théâtre.— Le Docteur fait un nouveau bond et se trouve sur l'avant-scène de gauche.—M. Pantalon se lève brusquement, jette au loin les coussins et descend n° 3. *Quel son lugubre,* etc., etc. Vers les dernières mesures de cet ensemble Colombine recule de frayeur et tombe presque évanouie sur le fauteuil qui se trouve au fond entre la croisée et la porte 3. Le Docteur remonte à tâtons, et se cache sous le tapis de la table au lointain. M. Pantalon se blottit derrière le canapé. *Ah!* — Lélio soulève le siége du canapé, qui reste ouvert, se met sur son séant, se frotte les yeux, tâte et cherche à se rendre compte de sa position. — Le canapé est également doublé en percaline rose. — A la phrase : *Par mégarde m'aurait-on enterré déjà!* Colombine cherche à s'avancer à tâtons jusqu'au milieu du théâtre. — Le Docteur se glisse à genoux et montre sa tête au-dessus du fauteuil placé à la gauche de la table. M. Pantalon se glisse en tremblant jusque près de la porte 3. *La frayeur m'oppresse,* etc., etc. Après cet ensemble, le Docteur se lève, descend à tâtons sur l'avant-scène et remonte vers le fond, pendant que Colombine, les mains en avant de peur de se heurter, se dirige vers la droite de l'avant-scène. N'entendant plus de bruit, M. Pantalon se dirige à tâtons vers son canapé qu'il trouve, s'y assied de confiance et tombe au fond sur les jambes de Lélio qui pousse un cri. M. Pantalon se débat, crie puis se sauve sur l'avant-scène de gauche. Colombine crie et se sauve sur l'avant-scène de droite. Le Docteur crie, passe par derrière le canapé du lointain à la face, et descend à la droite de Colombine. Lélio, mourant de peur, sort du canapé dont le siége se referme, et se cache derrière. Lucrèce par la porte 4, et Isabelle par la porte 2 paraissent. Elles ont chacune un flambeau allumé à la main et éclairent ce tableau.—*Jour.*

Isabelle.

Lucrèce.

Pantalon.

Le Docteur.—Colombine.

Ici nous accourons à dessein Parlez, parlez bien vite. Votre effroi m'agite. Parlez, répondez, répondez. Ici, Lélio sort de sa cachette, descend en courant sur l'extrémité de l'avant-scène de droite et, en tourbillonnant, il passe au milieu des personnages et gagne le fond.— Cri général d'effroi et de surprise.—*A l'assassin!* — *Tableau.*

Lélio.

Isabelle. Lucrèce.

Le Docteur.

Pantalon. Colombine.

Chacun pousse tour à tour un cri en reconnaissant Lélio, qui court enfin se jeter dans les bras de son père.— Descendez en scène.—Lucrèce laisse son flambeau sur le petit guéridon B. Isabelle laisse le sien sur la table et saute de joie. *Destin prospère*, etc.

M. Pantalon.— Lélio.— Isabelle.— Lucrèce.— Le Docteur.— Colombine.

Le calme et la gaîté reviennent peu à peu chez tous les personnages. Lucrèce seule paraît peu satisfaite.— Après les mots : *Ce panier! il l'avait quitté!* Colombine et le Docteur s'embrassent à bras le corps. Puis après être allé embrasser de même Lélio, le Docteur donne une poignée de main à M. Pantalon, et place la main de Lélio dans celle de sa fille.

Heureux que tout se soit passé en famille, tous les personnages se rapprochent les uns des autres, et rient bien bas de la peur qu'ils viennent d'avoir. — Chœur final.

M. Pantalon.— Lélio.— Isabelle.— Le Docteur.— Lucrèce.— Colombine.

L. PALIANTI.

Indications pour les Costumes.

(Style Louis XV.)

M. PANTALON. Habit et culotte en velours sang de bœuf. — Veste en gros de Naples vert. — L'habit est fermé par un seul bouton à la taille. — Manchettes et jabot en dentelle. — Cravate blanche. — Perruque poudrée dite bonnet de tailleur. — Souliers de cuir, couverts, à boucles carrées en or. — Bas de soie gris perle foncé, mis par-dessus la culotte. — Jarretières de velours noir. — Boucles d'or. — Manteau brun sur le bras. — Chapeau galonné or.

LE DOCTEUR. Habit, veste et culotte en velours gris épinglé. — Bas de soie d'un rouge passé mis par dessus la culotte. — Souliers noirs en daim; boucles de cuivre. — Jarretières de velours noir, boucles de cuivre. — Bouts de manches, manchettes, et longs bouts de la cravate en guipure. — Bonnet comique poudré, racine droite à la face.

LELIO. Petits souliers vernis Louis XV. — Elégantes boucles d'or. — Bas de soie blancs. — Habit et culotte en taffetas glacé vert pomme. L'habit est doublé en moire de soie blanche, étoffe semblable à la veste. — Boutons d'or. — Etroite cravate blanche à petits bouts carrés ornés de guipure. — Jabot et manchettes en dentelle. — Jolie petite perruque à cheveux très-courts, à racine droite, et dégageant bien le front.

DEUX PORTEURS. Maillot de laine rouge. — Les rubans de laine bleue des sandales sont croisés sur les jambes et arrêtés à la jarretière. — Culotte large en mérinos noisette ne tombant qu'au-dessus du genou. — Chemise de toile, large col rabattu. — Ceinture de laine rouge. — Veste non boutonnée en petit drap bleu, ornée de boutons blancs bombés, et de quelques ornemens en petit galon de laine rouge. — Seconde veste carrée et à manches larges, mise sur les épaules comme des vestes de hassards et arrêtées par des rubans de laine attachés sur la poitrine. Cette seconde veste est de couleur tendre. — Bonnet de laine rouge ou bleue aplati sur la tête de façon à imiter le bonnet grec.

LUCRÈCE. Jupe et robe à rideau de ni-queurs en étoffe de soie dite velours ottoman glacés gris et feu parsemés de bouquets espacés chinés bois. — Le tablier est orné de plissés bonne femme en étoffe semblable à la robe. — Le rideau laisse bien voir la taille très-longue derrière. — Corsage à pointe décolleté carrément. — Manches plates à coudes, manchettes de tulle tuyauté. — Chemisette plissée demi-montante, ornée de dentelle. — Sur le devant du corsage, cinq nœuds doubles en ruban de satin orange. — Velours au col, bouts flottans derrière. — Brillant. — Boucles d'oreilles en brillants, etc., etc. — Perruque poudree, chignon arrêté par un large peigne en acier. — Sur la tête, mantille étroite en dentelle noire, fixée sur la perruque et sur les deux épaules de façon à imiter le capuchon. Les bouts sont noués sur la poitrine derrière les nœuds. — Souliers de prunelle noire. — Bas blancs.

ISABELLE. Bas de soie. — Coquets souliers en satin blanc, à hauts talons, de peau blanche et ornés d'une petite ruche de rubans roses. — Jupe en poult de soie Pompadour, fond blanc à ramages vert et rose. Tenant au corsage, seconde jupe entièrement retroussée, attachée derrière au milieu du rideau, de façon à la faire terminer en queue de morue. — Le rideau laisse voir la taille. — Corsage Louis XV à pointe, très-décolleté carrément, et orné de six nœuds doublés en rubans de soie chinés. — Manches plates à sabots de dentelle. — Bras nus jusqu'aux coudes. — Mitaines blanches.—Rubans étroits de velours noir au col et aux poignets.— Perruque poudrée. — Rose à gauche, nœud de rubans à droite. — Peigne et bijoux d'acier.

COLOMBINE. Bas de soie blancs, à jour, brodés sur le cou-de-pied.—Souliers de satin rose, à hauts talons en peau blanche. Petites boucles en diamans, nœuds en velours noir.—Jupe très-étoffée en gros de Naples rose, un peu courte. — Pardessus, jupe beaucoup plus courte (même étoffe), relevée sur les côtés par de larges rubans de velours noir partant des hanches et dont les bouts flottent sur la première jupe. —Manches Louis XV. Sabots en dentelle.— Mitaines blanches.—Bracelets en petit ruban de velours noir, au milieu duquel est appliqué un très-étroit velours rose. — Justaucorps sans manches à taille très-longue dont les basques forment le surcot. Ce justaucorps décolleté carrément et à pointe, est en velours noir. Il est lacé derrière par un petit ruban de satin rose.— Nœud de ruban rose sur la poitrine.— Ruche autour de la gorge.—Fil d'or pour collier.— Très-coquette perruque poudrée ornée d'une coiffure faite avec quelques rubans de velours noir de satin rose et de petites barbes en tulle de soie brodée.—Tablier à poches en guipure, bordé de dentelle.

Accessoires.

EN SCÈNE. *Côté cour.* Canapé avec ses deux oreillers. — Deux tabourets de pieds derrière le canapé. Au bout lointain, très-petit guéridon B. — Sur le canapé des in-quarto, des in-folio et un plumeau. — Chaise en bois, (siége face au public) devant le canapé ; sur cette chaise sont quelques in-quarto.—*Côté jardin.* A l'avant-scène, grande table carré long placée en long. Sur cette table, couverte entièrement d'un tapis vert, sont : Encrier, Plumes, Papier, Sonnette, Deux volumes, Une sphère, Des cornues dans des petits socques *ad hoc.* Quatre grands flacons de forme carrée contenant des liqueurs jaunes, vertes, etc., etc. — Fauteuil de chaque côté de la table. — Un tabouret de pieds près du mur. — Coussin, au lointain, sous la table.— Entre le mur et la porte 2, Tablette sur laquelle sont trois flambeaux, bougies éteintes. — Fauteuil au fond.

Tapis par terre.

DANS LA COULISSE. *Au jardin.* Au lointain, deux pupitres, et à la face une sonnette. *Côté cour.* Dans l'office une table sur laquelle est une pile d'assiettes, un plateau dans lequel est une petite assiette pleine de biscuits et deux verres ayant presque la forme de verres à champagne.— *Au lointain,* Marteau. Panier dans lequel se cache Lélio. — Les deux bâtons (grands mirlitons) pour porter ce panier. — Lanterne sourde.

AUX ARTISTES. — Une grande carte imprimée à Lélio. — Une lettre au premier porteur. — Au Docteur trois flacons carrés à moitié pleins de liqueurs diverses, plus une carafe à large ventre arrondi et à long goulot, à moitié pleine aussi de vin de Madère. — Cette carafe est garnie de son bouchon. — Une grande paire de ciseaux à couper le papier à Colombine. — A M. Pantalon un manteau brun et une petite valise, dans laquelle est un bonnet de nuit Louis XV.

Paris. — Imprimerie de E. Brière, rue Sainte-Anne 55.

Bonsoir Mr Pantalon

par

Lockroy & de Morvan

musique

de

Grisar

La Partition et les Parties d'orchestre de l'opéra-comique : BONSOIR, MONSIEUR PANTALON ! se trouvent au BUREAU CENTRAL DE MUSIQUE, 8, rue Favart.

Partition orchestre	125 fr.	» c.
Parties séparées	125	»
Chaque partie supplémentaire. . .	12	50
Partition in-8° piano et chant net . .	7	»

Ouverture à grand orchestre. . Prix.	20 fr.	» c.
Parties séparées de l'ouverture	20	»
Chaque partie supplémentaire. . . .	2	50

Paris. Imprimerie de E. Brière, rue Ste-Anne, 55.

www.ingramcontent.com/pod-product-compliance
Lightning Source LLC
LaVergne TN
LVHW020502230826
846091LV00008BA/3318

* 9 7 8 2 0 1 3 6 0 4 0 6 2 *